La politique

À Étienne Garnier...
et aux maires de la famille !

ISBN : 2-07-061080-2

Numéro d'édition : 147616
Loi n° 46-956 du 16 juillet 1949
sur les publications destinées à la jeunesse
Dépôt légal : février 2007
Imprimé en Espagne par Egedsa

le monde & d'aujourd'hui expliqué aux enfants

La politique

Alexia Delrieu et Sophie de Menthon
illustré par Clotilde Perrin

GALLIMARD JEUNESSE

Qu'est-ce que cela veut dire faire de la politique ?

Faire de la politique, c'est gouverner, fixer les règles pour vivre ensemble et veiller à ce qu'elles soient bien respectées. Les hommes politiques s'occupent des affaires publiques, des affaires de tout le monde ! Partout, il faut des gens qui décident,

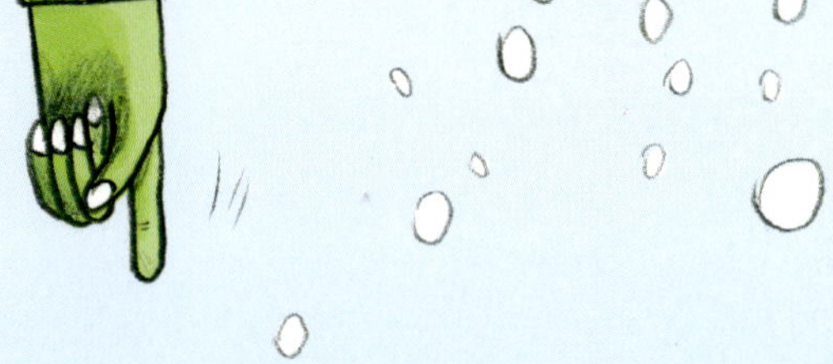

Le sais-tu ?
Même les animaux font de la politique ! Les abeilles élèvent spécialement de petites abeilles pour en faire des reines. Les loups suivent le chef de la meute, les fourmis ont une organisation de travail à laquelle toutes les fourmis obéissent, etc.

qui fixent les règles. À l'école, c'est le directeur, dans une entreprise c'est le patron, pour la ville c'est le maire, pour la France c'est le président de la République, dans ta famille, ce sont ton papa et ta maman.

Ça existe depuis longtemps, la politique ?

Le sais-tu ?
Autrefois en France, le peuple ne pouvait pas choisir ses chefs ni son roi. Le roi avait tous les pouvoirs et les transmettait à son fils qui à son tour devenait roi. Depuis la Révolution française, nous vivons en république et depuis la Constitution de 1958, nous sommes sous la Ve République.

La politique est née il y a plus de 2 000 ans en Grèce. Le mot politique vient d'ailleurs du mot grec *polis* qui veut dire « ville » et pas que l'on est poli !
Mais depuis l'âge de glace, dès qu'il y a eu des tribus d'hommes et de femmes, ils ont choisi un chef ; c'est-à-dire qu'ils se sont mis d'accord pour obéir à l'un d'entre eux, le plus fort ou le plus malin…

Ça ne concerne pas les enfants, la politique ?

Au contraire ! Ce sont les hommes politiques qui décident par exemple d'installer un jardin avec des balançoires dans ta rue, de construire un stade dans ta ville, d'agrandir ton école, etc. Les hommes politiques déterminent même ce que tu apprends à l'école.

Le sais-tu ?

Il existe 100 villes en France amies des enfants[1]. Elles s'engagent à écouter les idées des enfants et à leur rendre la ville plus agréable et pratique. Tu peux demander à ton maire que ta ville devienne ton amie !

1. Avec l'Association des maires de France et l'Unicef

Comment fait-on pour choisir un homme politique ?

Le sais-tu ?
Dès que tu auras 18 ans, tu pourras voter aux élections. Pour ça, il suffit de s'inscrire sur les listes électorales dans la mairie de sa ville.

De nombreux pays vivent en démocratie, c'est-à-dire que les habitants du pays choisissent leurs représentants et leur chef. Pour décider, tout le monde donne son avis grâce à ce qu'on appelle le vote. Le droit de vote est un privilège et un devoir. Il y a des pays où les gens se battent pour l'obtenir.

Comment fait-on pour voter ?

En France, les élections ont toujours lieu le dimanche pour que les gens qui travaillent puissent venir. Il faut :

- se rendre dans son bureau de vote (la mairie ou l'école),
- montrer sa carte d'électeur ou sa carte d'identité,
- prendre des bulletins de vote et entrer dans l'isoloir (comme une cabine d'essayage) où l'on met en secret le bulletin choisi dans une enveloppe,
- mettre l'enveloppe devant tout le monde dans une « urne » (une boîte transparente fermée avec un cadenas). Quand l'enveloppe tombe, le président du bureau

Le sais-tu ?
Il y a des votes pour lesquels il suffit de répondre par OUI ou par NON, cela s'appelle un référendum.

de vote dit bien fort pour que tout le monde entende : « A voté ! »

- il ne reste plus qu'à signer dans un gros registre en face de son nom.

Demande à tes parents de t'emmener avec eux lorsqu'ils iront voter la prochaine fois. Le gagnant est celui qui a la majorité des voix : au moins une voix de plus que la moitié des votants.

Existe-t-il des pays où l'on ne vote pas ?

Certains gouvernements dirigent par la force, sans demander leur avis aux citoyens. Quand des gens ne sont pas d'accord, ils les mettent en prison ! Celui qui gouverne sans demander l'avis de personne et sans être élu s'appelle un dictateur. Il en reste malheureusement beaucoup dans le monde. Pour garder le pouvoir, les dictateurs (toujours méchants) se servent d'une armée menaçante.

Le sais-tu ?
Dans tous les pays d'Europe opprimés par de méchants chefs, les habitants ont toujours fini par gagner en renversant le gouvernement... Mais cela peut hélas prendre des années. Cela s'appelle une révolution, c'est le peuple qui s'oppose à ceux qui dirigent, un peu comme une immense manifestation.

Et si on veut changer de chef ?

On attend les élections et l'on vote pour quelqu'un d'autre.
Les hommes politiques sont élus pour un temps limité, on appelle ça un mandat.
À la fin de cette période, s'ils veulent continuer, il faut qu'ils se représentent aux élections et qu'ils soient réélus.
C'est quand même mieux que de leur couper la tête, comme autrefois celle du roi de France Louis XVI, non ?

Le sais-tu ?
Dans les îles autrefois, on faisait monter les chefs en haut des cocotiers et on secouait l'arbre très fort. Ceux qui tombaient n'étaient plus chefs !
C'était alors la force physique qui comptait.

Qu'est-ce que c'est la république ?

Une république, c'est un pays dirigé par des femmes et des hommes choisis par le peuple.
La république vient de *res publica* (ça y est, tu parles latin !), cela veut dire la « chose publique ». La République française tu la reconnais grâce à :

- son hymne national : *La Marseillaise* (que tu peux retrouver à la fin du livre),
- son drapeau : bleu, blanc et rouge.

Le blanc était la couleur des rois de France et le bleu et le rouge celles de la ville de Paris,

Le sais-tu ?
La République française a un prénom : Marianne. On retrouve Marianne sur les pièces de monnaie et sur les timbres. Elle porte un drôle de bonnet, un bonnet phrygien que portaient les esclaves grecs quand ils se révoltaient.

• sa devise : LIBERTÉ-ÉGALITÉ-FRATERNITÉ. Trois mots qui veulent dire que tous les hommes naissent libres et égaux en droits, qu'ils soient riches ou pauvres.

Mais il reste encore des rois et des reines !

Oui, il y a encore des rois et des reines dans le monde, comme en Espagne, en Belgique ou en Angleterre… des princes et des princesses comme à Monaco, des sultans comme à Brunei et des empereurs comme au Japon… Il y en a qui gouvernent et d'autres qui ne sont là que par tradition ou pour l'image de leur pays.

Le sais-tu ?
Autrefois, le roi de France habitait le château de Versailles. Aujourd'hui, le président de la République habite le palais de l'Élysée et Versailles est devenu l'un des plus beaux musées du monde.

Les gens aiment beaucoup
les beaux châteaux, les histoires
de princes et de princesses… pas toi ?

Pourquoi parle-t-on tout le temps des hommes politiques, il n'y a pas de femmes ?

Le sais-tu ?
C'est le général de Gaulle, en avril 1944, qui a autorisé les femmes à voter pour la première fois en France. Grâce à lui, ton arrière-grand-mère a pu voter et peut-être même faire de la politique ou être élue.

Il y a de plus en plus de femmes en politique. Dans certains pays du monde il y a des femmes qui ont été élues présidentes de la République. Maintenant, on oblige les partis à présenter autant d'hommes que de femmes aux élections, cela s'appelle la parité.

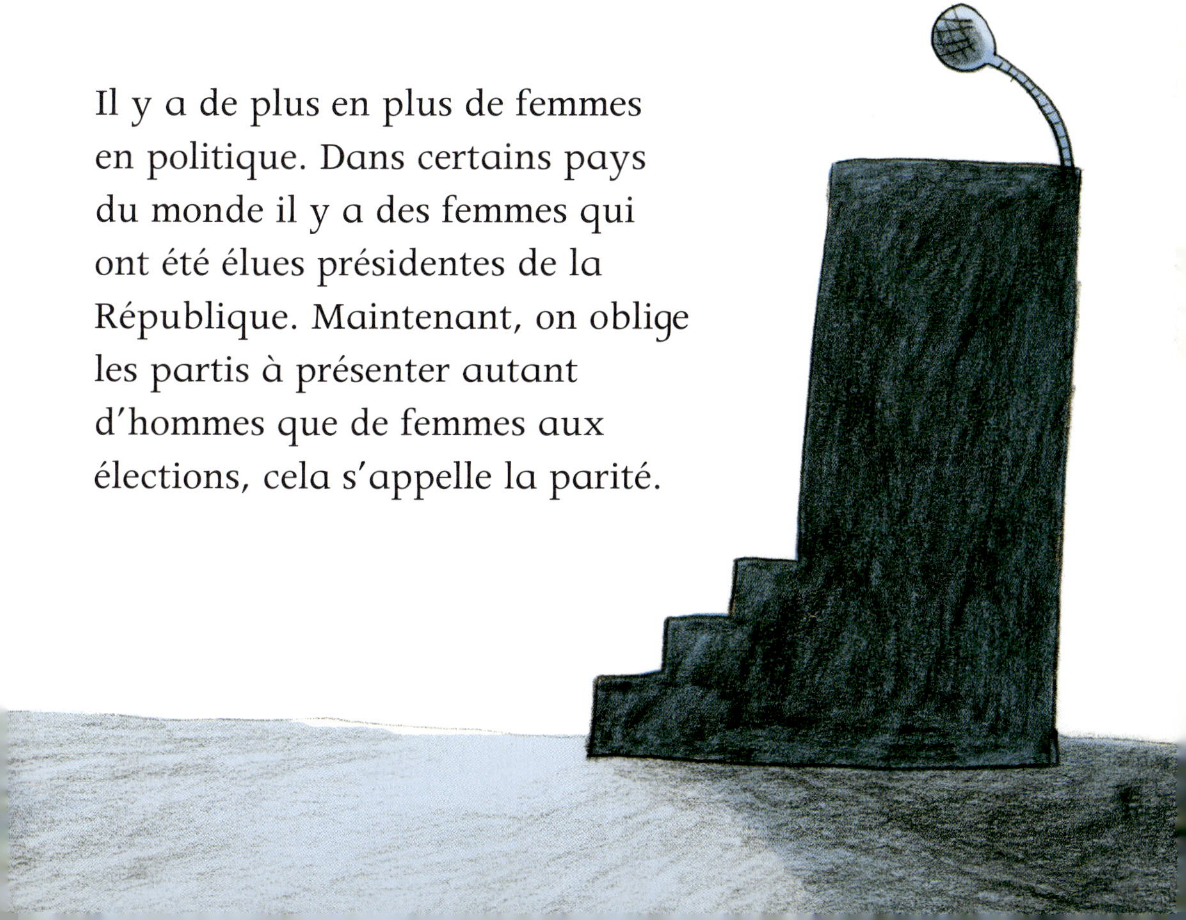

N'importe qui peut faire de la politique ?

Presque tout le monde peut se présenter à une élection.

Il faut :

- être français,
- avoir plus de 18 ans et être inscrit sur les listes électorales (sinon on ne peut même pas voter). Pour se présenter à l'élection présidentielle, il faut avoir 23 ans,
- ne jamais avoir été puni par la police,
- ne pas avoir de dettes,
- savoir ce qu'on veut et bien savoir le dire pour convaincre les gens.

Le sais-tu ?

Avant des élections, le candidat doit écrire un programme, expliquant tout ce qu'il pense et souhaite pour ses électeurs et surtout ce qu'il promet de faire. Après il faut surveiller qu'il tienne ses promesses.

Les politiques n'ont jamais l'air d'accord entre eux !

Les hommes politiques se battent avec des mots pour défendre leurs idées. Ils se « bagarrent » souvent à la télévision dans des émissions spéciales mais c'est le jeu politique ! Ce qui est important c'est que les bonnes idées l'emportent…

Il y a toujours un gagnant qui a été plus convaincant que l'autre.

Le sais-tu ?

Autrefois quand deux hommes n'étaient pas d'accord ils se provoquaient en duel et se battaient avec leur épée devant des témoins. Heureusement c'est interdit aujourd'hui, ils se battent seulement avec des mots…

Qu'est-ce qu'un parti politique ?

Un groupe de gens qui pensent la même chose et qui ont les mêmes idées pour diriger le pays… Presque tous les hommes politiques appartiennent à un parti.

Tu as déjà entendu parler de la droite et de la gauche ? Pas seulement de ta main droite ou de ta main gauche, mais des deux grandes tendances politiques françaises.

Le sais-tu ?
Autrefois les Grecs désignaient leurs représentants soit en levant la main comme à l'école soit par tirage au sort. On utilisait des coquilles d'huîtres comme bulletin de vote pour bannir un citoyen jugé indésirable.

Le président de la République est-il le chef du monde ?

Il est le chef de l'État, le président de tous les citoyens d'un pays. Il est le chef des armées, il représente son pays dans le monde et s'occupe des relations avec les pays étrangers. C'est très important parce que de cela dépend parfois la paix ou la guerre. Pour l'aider, il nomme un Premier ministre qui va diriger l'équipe du gouvernement.

Le sais-tu ?
En France, les élections présidentielles ont lieu tous les cinq ans. Les prochaines dates d'élection du président de la République après mars 2007 seront : mars 2012 (2007+5), puis 2017 (2012+5). Quel âge auras-tu en 2017 ?

Et les ministres, à quoi servent-ils ?

Il y a un ministre nommé pour chaque domaine important comme le travail, l'armée, l'éducation nationale (l'école), l'environnement, etc. On dit alors que les ministres ont un portefeuille ministériel,

pas celui où l'on range ses billets ! mais toute une série de sujets sur lesquels ils vont devoir travailler. L'ensemble des ministres et du Premier ministre s'appelle le gouvernement.

Le sais-tu ?

Tous les mercredis, le gouvernement se réunit avec le président de la République pour travailler. C'est le Conseil des ministres. Comme à l'école, pas question de bavarder ! alors quand les ministres veulent se dire quelque chose, ils se font passer des petits papiers. On appelle ça « faire le petit train ».

Et qui les aide les ministres ?

Ce sont les fonctionnaires qui mettent en place la politique décidée par le gouvernement. Ils travaillent pour faire appliquer les lois, pour récolter les impôts, pour faire marcher ce qui appartient à tout le monde : les hôpitaux, les écoles, les routes…

Le sais-tu ?
La RATP (les bus et le métro), la SNCF (les trains), la poste, les hôpitaux, les écoles publiques, les grands musées, certains théâtres, etc. appartiennent à l'État, c'est-à-dire que ces entreprises sont dirigées par l'État français.

Grand-père dit
qu'il est
père et maire...
C'est bizarre, non?

Le sais-tu ?
Quand tu es né, ton papa ou ta maman est allé à la mairie pour déclarer ta naissance. C'est obligatoire, il faut présenter un certificat du médecin qui dit que tu es né et en échange la mairie délivre un acte de naissance où sont inscrits ton nom et ton prénom, ceux de tes parents, l'heure et le lieu de ta naissance. Ça y est, la France compte officiellement un habitant de plus !

C'est une blague que te fait ton grand-père ! En effet, il est le père de ta maman et aussi le maire de son village. Le mot mère (maman) ne s'écrit pas de la même façon.
À la mairie, le maire célèbre des mariages et s'occupe de sa ville ou de son village. Pour ça, il est aidé par les membres du conseil municipal.
Ils sont élus pour six ans par les habitants et c'est eux qui choisissent le maire.
Ils font ça en plus de leur travail.
Les maires portent une écharpe tricolore autour d'eux quand ils sont en représentation officielle parce qu'ils représentent la France. La politique, c'est un travail d'équipe !

Qu'est-ce qu'une loi ?

C'est une règle très précise à laquelle on est obligé d'obéir. Ce sont les députés et les sénateurs qui discutent les lois et les votent à l'Assemblée nationale et au Sénat.
Les députés et les sénateurs ont voté, par exemple, une loi demandant que les personnes qui ont une piscine chez eux installent autour une barrière pour que les enfants (qui ne savent pas nager) ne tombent pas dedans et ne se noient pas.

Le sais-tu ?
Si le président de la République n'est pas content des députés, il peut les dissoudre (pas les faire fondre comme du sucre dans l'eau ! mais demander de nouvelles élections).

Il paraît que les députés ont une chambre : pour dormir ?

Ce n'est pas une chambre à coucher, mais le nom que l'on donne à l'Assemblée nationale ou « Chambre des députés ».

Assemblée nationale

Il y a 577 députés à l'Assemblée nationale, tous élus pour cinq ans. Ils ont chacun une étiquette (pas comme les biscuits !) qui indique à quel parti ils appartiennent.

Ils ne la portent pas sur eux, mais tout le monde la connaît.
Pendant les séances, le président de l'Assemblée nationale joue le rôle d'arbitre, comme au tennis. Il est assis sur un fauteuil haut perché, on dit qu'il est au perchoir, comme un oiseau !

Sénat

Il y a 321 sénateurs élus pour six ans. Le président du Sénat est le deuxième personnage le plus important de l'État, il peut remplacer le président de la République si celui-ci est très malade par exemple.

As-tu déjà vu les sénateurs ou les députés à la télévision le mercredi après-midi ?

Le sais-tu ?
Une journée par an, 577 enfants de CM2 élus par leurs camarades de classe siègent à l'Assemblée nationale. On les appelle les délégués juniors et ils discutent de vrais projets de lois. Depuis la création du Parlement des enfants, quatre propositions de lois des enfants sont devenues des lois de la République.

Pourquoi parle-t-on de découpage de la France ?

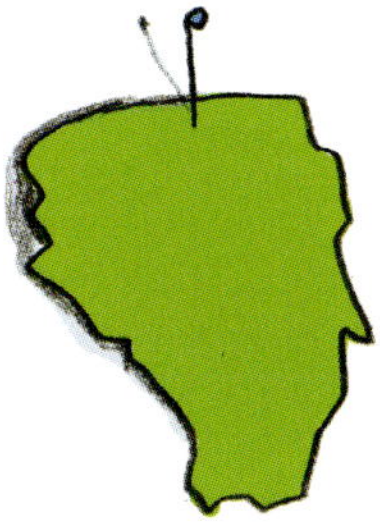

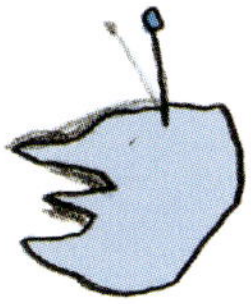

Le sais-tu ?
Napoléon, sous l'Empire, avait ajouté à la France une trentaine de départements. Leur taille était fixée pour qu'on puisse les parcourir à cheval d'un bout à l'autre en une journée.

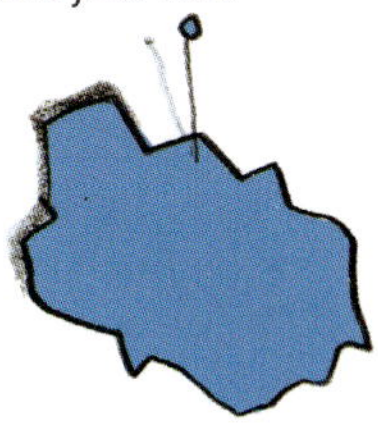

La France est coupée en morceaux
pour qu'elle soit plus facile à diriger.
En communes, c'est-à-dire en villes
ou villages dirigés par un maire.
Il y a plus de 36 000 communes en France !
En départements, il y en a 101, dirigés
par le conseil général.
En régions, il y en a 22, dirigées
par le conseil régional.
Ce qui fait beaucoup d'élus ! on dit
qu'il y en a 750 000 dans toute la France.

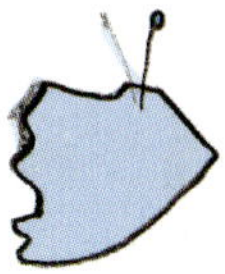

Ceux qui font de la très très riches ?

Le sais-tu ?
Le président de la République n'a pas le droit d'entrer à l'Assemblée nationale. C'est un symbole pour montrer que les députés, représentants du peuple, n'ont pas à lui obéir.

On ne fait pas de politique pour s'enrichir, mais au contraire pour rendre service aux autres. Beaucoup d'élus, notamment les conseillers municipaux et les maires des villages, ne sont pas payés pour le travail qu'ils font. Les ministres et certains élus ont un salaire et des avantages « en nature » : par exemple, pour pouvoir travailler, les députés, les sénateurs et les ministres prennent le train gratuitement. En revanche, les élections coûtent cher : il faut faire des affiches, se déplacer, organiser des réunions, etc.

politique sont-ils

J'ai entendu dire que les hommes politiques ne servaient à rien

Il faut respecter les hommes politiques car c'est grâce à eux que le pays peut fonctionner.

N'oublie pas que l'on a les hommes politiques que l'on élit, il faut donc bien les choisir… c'est comme les melons !

Si on ne trouve personne de bien on peut voter « blanc », c'est-à-dire que l'on ne met aucun nom dans l'urne.

Le sais-tu ?
Un homme politique qui veut être élu fait « campagne ». C'est-à-dire qu'il court partout en ville et à la campagne pour rencontrer le plus de gens possible et se faire connaître. Il faut qu'il plaise et convainque beaucoup de gens.

Alors, moi plus tard, je serai femme ou homme politique !

C'est une très bonne idée ! mais il faut d'abord choisir un vrai métier.
Il y a des médecins, des instituteurs, des commerçants, etc. qui font de la politique en plus de leur métier. Sauf dans des cas très rares, on ne fait pas de la politique toute sa vie.

Le sais-tu ?
Si tu as des idées ou des questions, tu peux écrire à ton maire ou même au président de la République. Esther lui a écrit et il lui a répondu avec une photo dédicacée.

Et maintenant, si on jouait ?

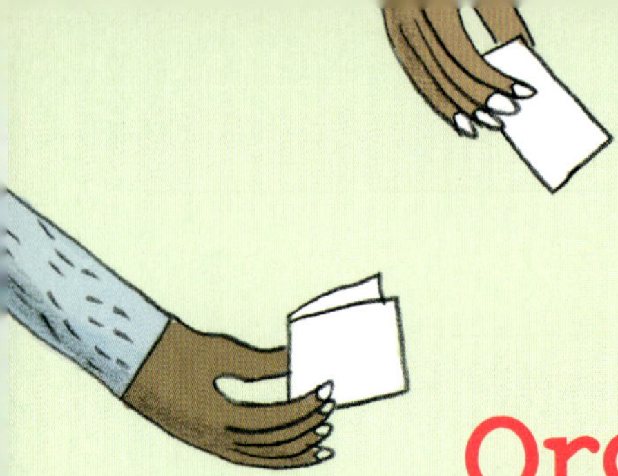
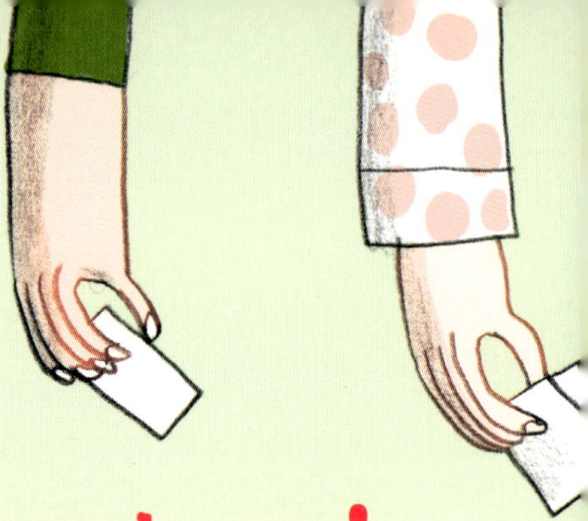

Organise un référendum !

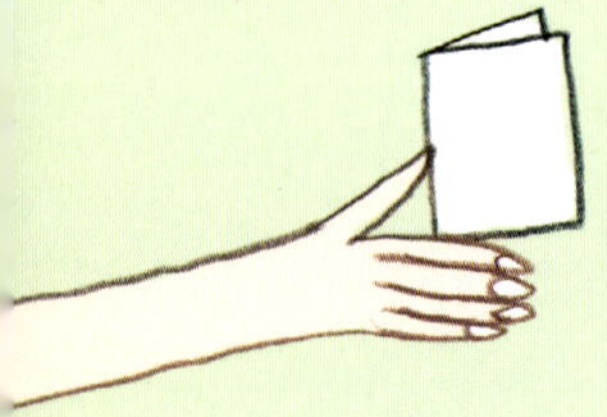

Trouve une question qui t'intéresse et fais voter ton entourage. Compte les oui et les non. Celui qui gagne est celui qui a le plus de voix.

Exemples de questions :

- Êtes-vous d'accord pour que nous ayons un lapin nain à la maison ?
- Êtes-vous d'accord pour je m'inscrive au foot (ou à la danse) ?
- Êtes-vous d'accord pour qu'on supprime les punitions ?

Etc.

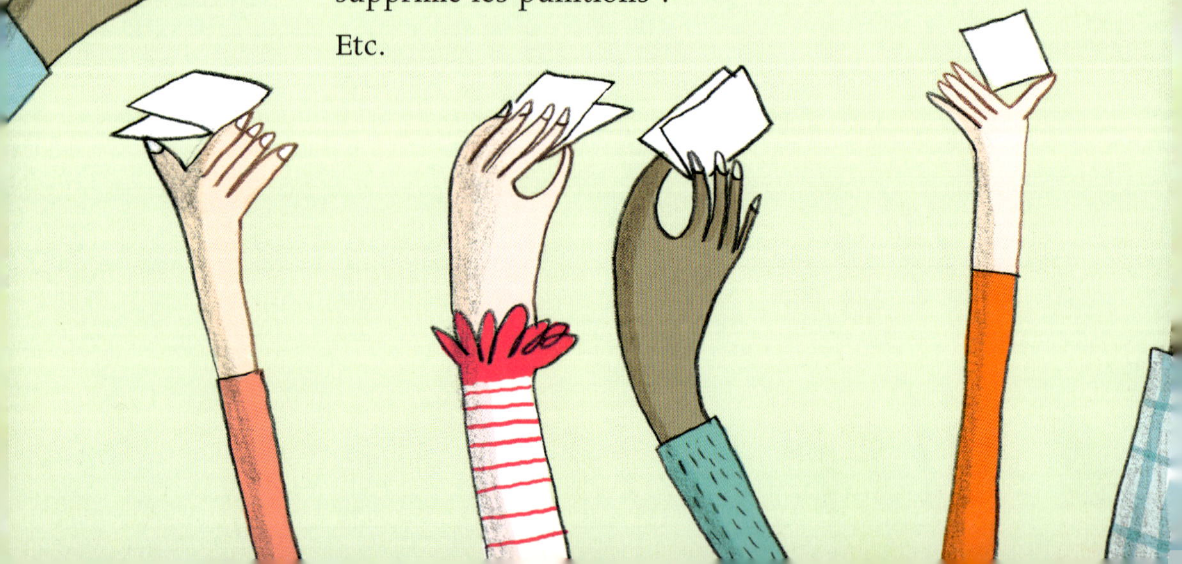

Organisation du vote

Préviens tout le monde qu'on va voter avant le dîner par exemple et explique-leur pourquoi.

Le sais-tu ?

On parle de fraude électorale quand on triche aux élections, c'est très grave. Non seulement l'élection est annulée, mais en plus les tricheurs peuvent aller en prison.

Pour fabriquer un bureau de vote,
il te faut :

Une urne
Tu peux prendre une boîte
à chaussures dans laquelle tu découpes
une fente pour glisser les bulletins

Un isoloir (le vote est libre et secret).
Tu peux demander aux électeurs
(ta famille, tes copains, ton chat)
de mettre leur bulletin dans
l'enveloppe, cachés derrière le rideau...

Des bulletins de vote
Des morceaux de papier sur lesquels
tu écriras lisiblement : OUI ou NON.

Une liste des votants pour qu'ils signent
à côté.

Organisation du dépouillement

Il faut au moins un témoin pour que les élections ne soient pas contestées.

- Renverse l'urne sur une table.
- Compte les bulletins (il faut qu'il y ait le même nombre de bulletins que de votants).
- Compte les OUI et les NON. Sur une feuille, tu fais une colonne « OUI » et une colonne « NON ». Pour chaque bulletin, tu traces une croix dans la colonne qui correspond. À la fin, tu additionnes les OUI, puis les NON. La majorité l'emporte !

Alors, qui a gagné ?

Rébus

Démocratie

République

Politique

Spécial parents

Petit test !

Certaines questions sont difficiles,
peut-être même que tes parents
ne connaissent pas la réponse !

Connais-tu le nom du président de la République ?
(fastoche)

Connais-tu le nom du Premier ministre ?
(un peu moins fastoche)

Connais-tu le nom du maire de ta ville
ou de ton village ? *(fastoche pour tes parents)*

Connais-tu le nom de ton député ? *(très dur)*

Connais-tu le nom de ton sénateur ? *(très très dur)*

Encore des questions ! de géographie

Connais-tu le nom de ta ville ? *(fastoche !)*

Connais-tu le nom de ta région ? *(pas si fastoche)*

Connais-tu le nom de ton département ?

Il ne reste plus qu'à aller à la pêche aux réponses,
demande autour de toi, à ton professeur
et si personne ne sait, appelle la mairie !

La Marseillaise

Allons enfants de la patrie,
Le jour de gloire est arrivé !
Contre nous de la tyrannie
L'étendard sanglant est levé ! *(bis)*
Entendez-vous dans nos campagnes
Mugir ces féroces soldats ?
Ils viennent jusque dans nos bras
Égorger nos fils, nos compagnes !

Refrain
Aux armes, citoyens !
Formez vos bataillons !
Marchons, marchons !
Qu'un sang impur
Abreuve nos sillons.

Amour sacré de la patrie
Conduis, soutiens nos bras vengeurs !
Liberté ! Liberté chérie,
Combats avec tes défenseurs ! *(bis)*
Sous nos drapeaux que la victoire
Accoure à tes mâles accents !
Que tes ennemis expirants
Voient ton triomphe et notre gloire !
Aux armes, citoyens !

Le sais-tu ?
Le 24 avril 1792, le capitaine et musicien Claude Rouget de Lisle a composé un chant pour encourager les soldats français qui partaient se battre contre les Autrichiens. Son succès fut énorme, surtout dans la ville de Marseille... C'est pourquoi on le baptisa *La Marseillaise*. Ce chant devint l'hymne national de la France en 1795. Les paroles semblent un peu compliquées ou brutales, mais elles correspondent à l'époque.

Sophie de Menthon est chef d'entreprise, communicante, intervenante à la radio. Elle a écrit de nombreux ouvrages et lancé la fête des Entreprises en France. Elle dirige un mouvement patronal, ETHIC.

Sa fille **Alexia Delrieu,** après avoir débuté sa vie professionnelle dans le monde politique et le journalisme, se consacre à la sculpture et à l'écriture.

Elles ont décidé, ensemble, d'expliquer le monde aux enfants... dont les leurs, à qui elles dédient cette collection chez Gallimard Jeunesse !